Seré yo el marido más bello

SERÉ YO
EL MARIDO MÁS BELLO

Irene Mañero

Título: *Seré yo el marido más bello*
Primera edición: mayo, 2026
Colección: Miarma, n.º 7

© Irene Mañero, 2026
© de esta edición: Disbauxa Editorial, 2026
© del prólogo: Marta Vusquets
© de la introducción: Laura Casielles
© de la fotografía de la solapa: Aida Argüelles [@aidaarguelles]
© de la cubierta: Marta Vega [*collage* con recursos de Freepik y Artvee]
Diseñado y maquetado por Disbauxa Editorial

ISBN: 979-13-991163-3-5
Depósito legal: B 9245-2026
IBIC: DCF | Thema: DCF
70 páginas, 14×22 cm

Somos **Disbauxa Editorial**
Estamos en Barcelona
www.disbauxa.es
editorial@disbauxa.es | @disbauxa.editorial

Índice

Prólogo

¿Qué es (ser) un marido?

por Marta Vusquets

Los maridos pueden ser algo problemático. Especialmente si son (los) de otras.

> «ya solo soy un chasquido neumático
> un espasmo de riñón
> ya ¿solo? soy
> el marido de otras».

También pueden ser un arquetipo que invite a la exploración de la experiencia humana. Ese es uno de los acercamientos posibles a lo que nos propone Irene Mañero en este poemario, una «cronología de miserias sintéticas» a la que da inicio contando inspiraciones, dando paso a una metodología de la interrogación. ¿Cuántos cuerpos hay entre el cuerpo amado/deseado y el nuestro? («he imaginado cuarenta cuerpos para alcanzar el tuyo con cuarenta y uno»). ¿Cuántos maridos? ¿En qué momento nos convertimos nosotres en el marido?

En los versos que nos ofrece la autora, el deseo todo lo permea. A veces tiene que ver con la añoranza de cuerpos que se encuentren, que por fin tengan sentido juntos; también el deseo del amor, un amor que nos permita abrirnos, a le otre, a nosotres, al mundo. Simbólica y literalmente. Desear el cuerpo total, el amor total y, al hacerlo, desear lo imposible y, por lo tanto, asumir el fracaso inevitable («la persona derrotada/ no existió jamás/ la persona quién coño es»). Que fracasar no sea importante. Continuar irremediablemente en la tarea de entender, de dar un lugar, tratar de poner las palabras.

En este poemario los caminos del deseo y del amor son caminos repletos de gestos, recuerdos, imágenes, sensaciones, de lo sucedido y de lo no sucedido, pero que podría (o no) suceder. Irene Mañero indaga en el viaje, se regocija, serpentea. Sale al encuentro, una y otra vez. Hay algo de la vida que tiene que ver con la repetición y, en ella, la búsqueda de la excepción («tú que llamabas amor a la excepción de haberla querido»), pero cuando por fin la encontramos apenas sabemos qué hacer con ella («es todas las noches / en las que no sé qué hacer con este amor»). ¿Cómo la distinguiremos de una falsificación? ¿Del «cariño teórico»?

¿Tal vez hallemos la respuesta volviendo a los cuerpos? Poema tras poema, vemos cómo «arquea la anatomía». Se suceden las imágenes con nitidez: venas que se amputan, huesos que se derriten, cuerpos que se pegan, dedos que queman, contornos de costillas, gotas de sangre que se cuentan, plantar algo en el centro del cabello, rodillas amoratadas; también tripas que se cortan y que se convierten en una invitación, un canal de entrada («me arrolló me inventó me cortó las tripas / para que entrasen tus manos»). Anatomía que se arquea mientras en paralelo se «prohíbe el arqueo a cualquier mujer», el cuerpo convertido en alimento que ofrecer a los famélicos.

A lo largo del texto, conforme se van sucediendo los encuentros con les otres, Irene Mañero va mutando, dejando otras pieles atrás. Transita hasta el cuerpo deseable y a la vez nos pide que la queramos por lo que es. También explora las limitaciones que nos imponen las jerarquías de género; incluye un rechazo al hombre eterno y muy en particular a su autoridad, la que excluye otras libertades, la libertad ya no de elegirnos entre nosotras, siquiera imaginarlo. Al fin y al cabo, ¿qué es un marido? ¿Acaso es una «mujer dada la vuelta»?

Por último, la autora nos recuerda que es muy importante no perder de vista la belleza en todo lo que nos rodea, la inherente al proceso y también la de «esta otra tan bella tan cercana». Está definitivamente presente en este poemario que tenemos entre las manos. Del mismo modo que es uno de los temas centrales en *La belleza del marido*, la propuesta poética en veintinueve tangos de Anne Carson. En él la belleza no descansa, es la causa no secreta del amor hacia el marido, la generadora de la tensión entre el amor y la libertad, la que hace posible el sexo.

Gracias a Anne Carson sabemos que decir belleza es decir verdad; y mientras esperamos a que llegue ese momento en que nuestros labios sean dignos de nombrarla —el momento decisivo en el que por fin seamos vistas, en que ocupemos nuestro lugar— seguimos buscando. Mientras lo hacemos, agradecemos que Irene Mañero nos recuerde el poder de todo aquello que, por suerte, aún no hemos podido explicar(nos).

Introducción

por Laura Casielles

Lo primero es saber qué es un marido.
Lo segundo, saber qué es la belleza.
Luego, explorar la paradoja, si la hubiera.

Las primeras pistas para esta indagación las encontramos, es
evidente, como un ábrete sésamo en ese otro libro, fundacional,
con el que este dialoga desde el título mismo. En *La belleza del
marido*, Anne Carson hace una invitación, casi un mandato:
«Aguantad. Aguantad la belleza». Es a seguir esa indicación
a lo que Irene Mañero se dedica en esta cronología de una
búsqueda y una batalla. Tres años que se resumen en los tres
versos de ritmo hipnótico que abren estas páginas con una voz
oracular y articulan su estructura: «por saberme mortal bajo
el peso de un hombre/ y efímera borrando al marido de otras/
me reconozco ahora infinita en tus manos». Que no entre nadie
que no sepa del relámpago.

Amar puede ser muchas cosas distintas —se puede leer
entre líneas en este libro—. Pero no dejan de ser variantes del
empeño de buscar un lugar en la vida de otra, de otro, y un

modo de contarlo que le otorgue algún sentido. A partir de ahí, llegan los pactos, las normas, las mitologías. Y las historias.

Según como se mire, «marido» puede ser algo muy extraño. Y, en todo caso, cuestión de posiciones. Esta voz poética las explora en una curiosa y viejísima danza: tener un marido, obviar a un marido, confrontar a un marido, ser un marido. El libro de Carson tenía un subtítulo: *Un ensayo narrativo en 29 tangos*. Y explicaba: «Un tango, como el matrimonio, es algo que uno tiene que bailar hasta el final». Con esa voluntad de agotar el aliento de lo posible, Mañero recorre a zancadas la sala de baile del mundo a veces llevando, a veces dejándose llevar. Este libro es la huella que deja en el aire esa danza, esos giros. Ese intento incesante de conectar.

¿Importa en este momento decir que este es un libro radicalmente *queer* en la propuesta mutante de una voz que traiciona sin parar a su género? ¿Importa en este momento decir que en la historia que cuenta la edad juega un papel recurrente, campo gravitacional de ciertas caídas?

No lo sé, podría ser.

Sí sé que importa decir que de página a página saltan peces.

Porque, de entre los mil modos posibles de contar la vieja historia de los maridos y la belleza, aquí se elige la poesía, ese lenguaje que ofrece el lugar sin univocidad de las preguntas abiertas. Se trata de intentar traducir a palabras lo que le pasa a un cuerpo angustiado, herido, exaltado, enamorado, alegre. Dejar rastro del furioso presente de las pasiones sin petrificarlas; acariciar la opacidad de lo que importa. «Entiende que con lengua tierna/ llegarás antes/ más certera».

Al fin y al cabo, lo sabemos, en gran medida son las palabras las que construyen el amor. Quizá por eso —«ya no sé cómo llamarte»— siempre hay que estar reinventando lo que significan. Intentando decirlas en su explosiva multiplicidad como quien lanza contra la pared una fruta y trata de interpretar la mancha que ha dejado por si contuviera una verdad necesaria. Porque al deseo y al dolor, sin embargo, ninguna palabra los alcanza del todo.

Tal vez, apenas, el balbuceo.

El chorrete de jugo deslizándose muro abajo.

El calambre misterioso del poema.

¿Será algo de eso la belleza?

Para averiguarlo, los prolegómenos no sirven de nada. Ya basta. Cruzad la puerta.

Y ya sabéis: aguantad.

Aguantad este baile.

Seré yo el marido más bello
es el libro n.º 15 de Disbauxa Editorial.

Seré yo el marido más bello *es el séptimo libro de la colección
Miarma, nuestra colección de poesía.*

Seré yo el marido más bello
es el primer poemario de Irene Mañero.

amigas que hicisteis del ruido un lugar habitable
amor que me encontraste debajo de la piel

este vientre de palabras es nuestro

2022   por saberme mortal bajo el peso de un hombre

2023   y efímera borrando al marido de otras

2024   me reconozco ahora infinita en tus manos

entro en la cronología de esta belleza

como el ser cae
como el pasaporte
para hurgar placer
y rebuscar caracoles secos
que llevarme al oído

entro en el exceso
como amputo las venas
como tenso la mayor
para elegir al paciente
que respira astuto
inspira así

1
        2
               3
1
        2
               3

suda en cuerpos pegados
brillantes sucios
recuerdos perfectos
de la minoría
almacena huesos derretidos
y el sonido de un pájaro

2022

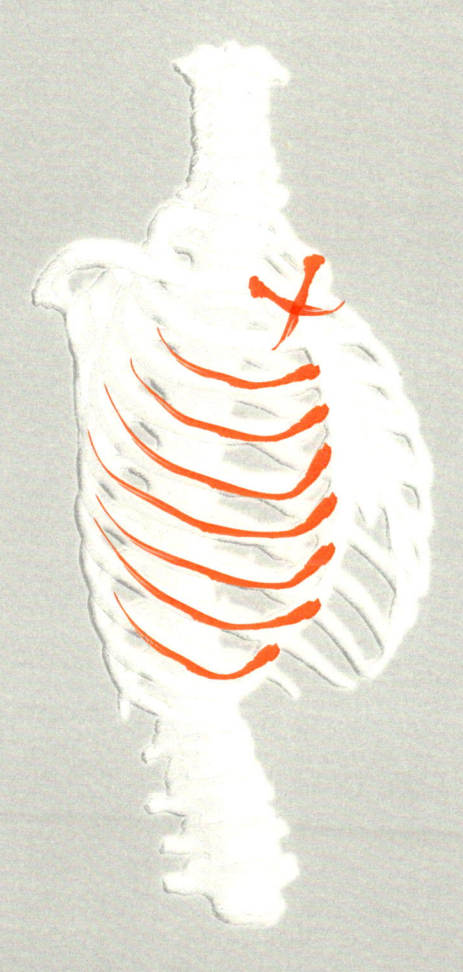

nuestro nombre mezcla temporalidad y espanto
permanece urgente al hecho histórico
escribe sobre la tez despedida
como si las páginas ocuparan todo el espacio
o las pieles invadieran la excepcionalidad
en vez de un país

no contemplamos martirios
solo el estímulo equivocado
intentando desaparecer
suplicando ser personas
con movimiento animal
analizando la derrota fósil
limitando el contorno de varias costillas
sin descifrar la última asfixia

en esta cronología de miserias sintéticas
comprobarán que mi respiración
un cinturón
protegió lo mínimo
salvó a nadie de la piedra
me arrolló me inventó me cortó las tripas
para que entrasen tus manos

y medir la angustia
las dedicatorias de esas manos
me obliga a calcular con comas
qué se oculta entre las edades del amor
si la media encaja entre los dos
o debo cambiar de campo generacional
para que pesemos lo mismo

contando las gotas de sangre
soy capaz de palmear los perfiles de tu busto
de dibujarlos incluso con hiperrealismo
mientras la espera redime las prácticas eróticas
de un semisótano interior
mientras la culpa consume
nuestro material sensible

podría enredarme en los detalles de tu parque favorito
consultar el plano de la pasión
¡yo!
sin perder las marcas que como ardillas
fertilizan los rincones que pisamos desnudos
con el simple fin de anular
un tríptico inagotable

no aspiro a tu carne
corto el grito que fui
toco a personas
que te tocarán a ti
para tocarte
sin mí

y crecer vieja
parecer vieja en el sofá
más simple, imperturbable
virgen

porque sé cuándo vienes
sé que te acercas ahora
huelo el muerto que somos
todavía caliente
y yo arcada

grito norma
espero lo que dices que fuimos
te sigo un día entero
retrato tu torso asqueroso
y repaso por si me preguntan
por si algún día te marchas
apunta esta frase en tu boca

cuando pienso
que me he dejado las huellas
por todo tu cuerpo
que he plantado algo
en el centro del cabello
y derramado mi caída
quiero revolverme
vomitar
obligarte a suspirar
a anhelar el mínimo detalle
como a un muñeco
clavarte algo afilado
en el relleno de algodón

fuiste el hombre que no supo sostener una mano
entendida cariño teórico
retratada durante las horas de visita
en las que no era tuya
de ella al fin
de todas a las que también yo engañé

tú que llamabas amor a la excepción de haberla querido
un casual precipicio
por el que arrojarías a las demás

el truco de olvidar su canción
con nuestro rostro en vis
a modo de intermediario

m   i   r   a
ante el amor riego a un hombre eterno
empapo de importancia un cuerpo superfluo
su incertidumbre mal entendida
es un bocado de tierra

nada se libra de nada
su cara es nada
su pecho moreno
a mis ojos todo
también es nada
nada corre hacia mis uñas
secas
insuficientes para echar raíces
o sostener a un cuerpo flor

la persona derrotada
no existió jamás

la persona quién coño es
si mis partes desguazadas
pretenden caminar solas
como muertas de risa
paralelas al mismo aullido
grito
                    de nadie

en qué curso se impartió
lo que cargo sobre mis dedos
quiero alcanzar diez nuevos y ser rubia
en qué se ha convertido
la flora completamente seca
después del error
estanco en esta persona
de nombre al revés

ya solo soy un chasquido neumático
un espasmo de riñón
ya ¿solo? soy
el marido de otras

2023

busco el sabor de cien mil peces
entre tus dientes:
ese es el recuerdo

he comprado dos piedras carísimas
que tiro al mar compartido
no sé si lo piensas pero
mi pie bucea en tus mismas aguas
tus hijos corretean como yo de pequeña
con la impunidad del calco borrable
tu amor cruza el país
tú le esperas
yo dignifico una noche
pintando una concha encima

hoy acaricio la espina que queda
me guardo los besos en la boca
dime tú haces qué con ellos
si les limpias la sangre
les sacas las entrañas
como mamá limpia el pescado
con dos dedos
un gancho
y un cubo de agua sucia

si rodeo el moratón de mi rodilla
recreo la línea justo al borde
de tres manchas en tu pecho
veo un helado
quizá un sombrero
la señal de mí
de aquella que clavó un quiero
deseo
¿me dejas?
al nivel de la sangre

he imaginado cuarenta cuerpos para alcanzar el tuyo con
                              [cuarenta y uno
suficientes articulaciones se han colocado pésimas a mi lado
hasta perfeccionar el tiro al marido
soplar la fruta
y comerme el hueso

si respondo al silencio
con cualquiera de las otras
vuelvo a un gesto únicamente tuyo
al cristal que te conserva
cada vez más sucio
embarrado olvidado

poco queda de tu cara
en nuestra misma historia
es el pasado velocísimo
de dos medio extrañas

no encuentro ya ningún paso cercano
que me recuerde tu piel mudada
pero te dejaste una mecha en casa
un mechón que todavía me pongo
lo manoseo
y me miro al espejo

dos cartas sin escribir
el ruido fino de otra mitad
mi belleza absoluta dentro de este sobre
y la ausencia
la ausencia que serás
después de descubrir todas las muñecas rusas
escondidas del sopor
de la opresión del impulso
del cuerpo para mover masas

tu tez asesina si se vuelve bicho raro
seis patas
y lo que llamas reflejo
me aleja
de lo que desearía ser para ti

de cualquier bicho raro
yo sería el anillo

antes de tocarte
revivo las partes que recuerdo
de la última vez
la mancha y el oro
mantendrán su sitio
o les habrán robado la silla
seguirás sujetando el bajo del vestido
con un lápiz
o traerás puestos los vaqueros
de un marido imaginario

¿seré yo el marido más bello?

ponte mi ropa
y dejaré de ser hueco
mancha sin permiso

dejaré caer tu pelo
sobre mi piel seca

cuarentayun minutos en esta ciudad acariciando la misma esquina rota casi rota como el pájaro que nunca supimos acunar calentar amamantar tres horas forzándome a permanecer inmóvil mientras el animalillo este se esconde cabizbajo se va apagando no te pierdas el espectáculo de plumas que desaparecen cada una un camino podríamos sentarnos una en un extremo la otra en el otro y no tocarnos nunca

como siempre

sin embargo adivino el sol que abrasa
cualquier falla
y evito quemarme los dedos
cada tres de la mañana
que rechazas mi mano

si el tacto
tu tacto
corto o pálido
se alargase
hasta la brecha natal
alcanzaría tu raya del ojo
mal hecha
grunge
como en los 90 tenías 20
tú
veinte
como yo ahora
finjo no tenerlos

otra retrata
las niñas compartiendo leche rizada
las niñas lamiéndose el bigote
haciendo más dulce la piel de sus hombros

somos niñas sobre el espejo
nos detenemos
a mirarnos las canas
cediéndonos la primera mueca
de una risa que antes no

soy pequeña
soy deseante

en la cocina de niña grande
idolatro a una niña adulta
mayor

al ver sus manos
sus manchas
quise de ella el embiste
lo inexistente
o la longitud de nuestros dedos

lo inexistente
en un cuerpo mínimo

la primera vez pensé en otra
en llevar pañuelos al cuello
no podía dejar de mirarla
mientras me hablaba el amor del momento
el amor importó menos que su imagen
y fue pedazo
de su cuerpo entero
que nunca será amor

ese que ofrece carne al famélico
se tapa los pechos con betadine
y prohíbe el arqueo a cualquier mujer
esa mujer
yo

acaso inevitable
el toqueteo falsificado
la castidad por encima de los dedos
la autoridad
de todos los hombres que la alcanzan
adelantan
y colonizan a las que en libertad
la elegirían

sigo las edades desgastadas
de esta que fue hogar en otro tiempo
que albergó a un bichito abandonado
de corazón inmenso
tanto que se le desparramaba

al encontrarla
recién mojada
vi todavía un pedazo de ese órgano abundante
evidente para mí
así que lo protegí dentro de mi pelo
lo enrollé en escamas de sal
a ver si me lamía con gusto
a ver si me engullía
como a un pez abisal
y se empachaba

sigo las edades desgastadas
de esta que comparte hogar con otro tiempo
que cobija la carne temblorosa
de la que alimentarnos ambas
cortar pelar cascar
mutilar la pequeña mascota que se nos escapa
la que me susurra piando
que nunca me quisiste
que me confiesa bajito
que ya es vieja
y la historia común

la historia parte de un órgano recién parido
que alguien recoge en una cesta
enganchada a una bicicleta

su primer viaje
al viento
le seca el líquido amniótico
le deja con los ojillos como platos
observando una ciudad repleta
ahuyentando su vacío

el minúsculo miembro
deslumbrado por luces rojísimas
descubre ahora que posee inquietudes
que es capaz de sentir fuera de un cuerpo
que me abandona
y busca en todas las madres del mundo
una que le amamante
y se pierde en una maternidad sin música

yo renuncio a parirle de nuevo
a parir otra como yo
a criarla en el mismo desierto
de esta herencia

esta otra tan bella tan cercana
no es alimento suficiente
para provocarme un suspiro delicioso
ni la saciedad

esta otra que respiro
a la que mudo la piel
y ofrezco el café que no tengo
no imagina la desolación del cuerpo
ni los marcos del vacío

acércate, amor,
ven y coloca tus dedos en mis costillas
uno por cada hueso
hazme desaparecer
del festín de esta otra
pon tu mano ahí
con la presión exacta
para partirme después
exageradamente
para parirme después
como cada vez

succiona esta fuerza
juega
débil
con cualquier oración
ora lejos del llanto
ora sola
ora con otras

entiende que con lengua tierna
llegarás antes
más certera
terrible
no te sacies no te llenes
atraviesa salivando tres continentes
habla del asco con asco
comiendo mientras
zampándote cualquier diente de mi boca

el juego de casi niña
escupe un diente amarillo
flojo
que se cae que se cae
y las dos con las manos así
como un cuenquito
rebota en tu cabeza de casi niña
me lo trago de mentira
como el juego que inventas

pequeña
las gárgolas
las has dibujado tú
las has animado después
con referencias guarras
mientras yo sostenía un perfil
que en realidad también eran ellas

el juego de mi niña
no
de mi casi niña
te inventaba entera enterísima
te lamía las patitas
te imaginaba sola
diez dientes rectos
sin pedazos de la anterior
entre los diez dientes

sin embargo,
susto

la mezcla de ambas
sedimento
oigo su voz
me retumba dentro
pajarillo que bajo la lluvia come cualquier cosa
que come hasta el final
escarba y para
pica tierra a ver si nos encuentra
con la mano en tu mano
firma fósil
nombre en setentaycinco autobuses
en los que devoro los posos
o engullo colillas

esta noche consorte
que paso junto al peso del hambre
es todas las noches
en las que no sé qué hacer con este amor

¿lo coloco recto
o lo ofrezco de alimento
a cualquier otra hambrienta
que no me dé envidia?

te mueves me mueves el silencio oculta el pedazo de sangre que cedes un silencio líquido excepcional como una bajada de presión sigilosa caigo entre la mancha de tu muñeca sosteniendo el peso de tus pulmones *en aquel momento tuve la misma sensación* quise fagocitarte tendría que haberte lanzado el extremo de mi intestino y agarrar el opuesto acércate apoya tu cabeza desliza ese gesto la mueca con la que duermes el dedo en la boca tu dedo sobre mi boca niega con la cabeza rechaza el tacto como el té caliente *rechaza quererme como una mutación*

querida,

¿cómo te llamas?

ya no sé cómo llamarte

2024

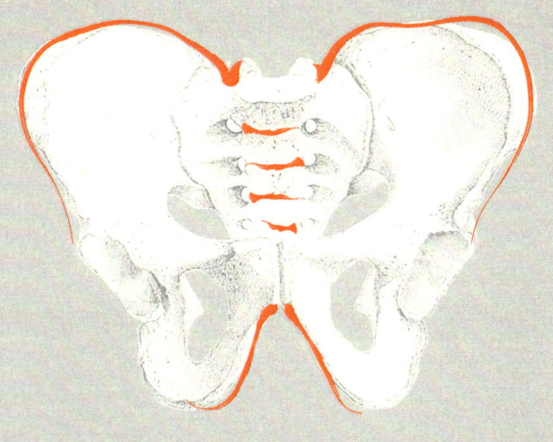

sostengo la cuenca de tu hombro
el lugar mínimo
para dejar caer mis vértebras
el único gesto
para verterlas como manchas fragilísimas
hasta que te venza mi fémur
y lo toques
y te quedes
y deje de existir para ambas

así me nace un cuerpo nuevo
que no es carne ni pastilla
es saliva en otra parte
fisura entre lo que imagino
y el tránsito hasta convencerte
de que me toques
te quedes
y dejemos de existir para el resto

si me abro
me respiras
y cedo las células a tu antojo
feliz incluso
de sentirme incorpórea
o más cuerpo que nunca
no toquetees las partes sensibles
juega con las de adorno
con las que no sirven para nada

la parcela que te entrego
se volverá lugar si me dejas
si no me purgas la sangre
si me alejas del hombre eterno
si acunas mi bazo
y abrazas el vómito

pero
por favor
si me abro
y me respiras
únicamente para que la piel se vuelva hierro
o mis dedos un castigo
no me guardes las llaves
ni me susurres
con tus venas
construiría un palacio

mi amor con nombre
bucea como renacuaja
en sudor de dos
absorbe gotitas de junio
elige pecho o abrasión
levanta un cuchillo rebosante
encarna un nombre
porque chapotea
y no se ahoga
nada en los gestos perfectos
en la palabra propia
y la permea
y se vuelve todo el espacio

mi amor
como término seco
no existe
es húmedo
lo inequívocamente nuestro
como el roce

amor
voy a hundirme en esta ola que es tu nombre

cierro la cronología de esta belleza
yo, diminuta
que me creí marido
mujer dada la vuelta
que germina con el tiempo
¿acaso soy ahora?
entre todas ellas
¿existo más que nunca?
arqueo la anatomía
desnudo la arruga
o construyo la ausencia
como fotografía en mi salón

si asimilar texto y hambre me ha hecho devorar lo autotodo
desde la persona más cercana a mi cuerpo
ahora comprendo que esa tampoco soy yo.

Las letras se bailan y se beben. Las letras se ríen y se lloran. Las letras se perrean hasta el suelo y se elevan hasta el cielo. Las letras se disfrutan y se discuten con amor. Las letras se dicen todas las que quieras y las que no, las aspiras. Las letras son de maricas y de bolleras, de guapas y de feas y de tu género y del mío. Las letras son y no son. Las letras se performan, se habitan, se gozan y, a veces, se escriben. Las letras las lees o te las comes (o te las f*llas). Las letras brillan y dan sombra. Las letras somos todas.